Das große

Kochbuch

Inhalt

Köstliche Kreationen mit Philadelphia®

Seit mehr als einem Jahrhundert begeistert der einzigartige Geschmack von Philadelphia Jung & Alt. Ob als cremige Grundlage für Suppen, als raffiniertes Dessert, als herzhafte Füllung für Fleisch und Co. oder einfach auf Brot – dank der Vielseitigkeit von Philadelphia wird aus fast jeder Speise ein himmlischer Genuss.

Philadelphia blickt auf eine langjährige Tradition zurück. Bereits im Jahre 1880 kreierte der New Yorker Ladenbesitzer Reynolds den Urahnen des heutigen Philadelphia. Nicht nur die Zutaten wählte er mit größter Sorgfalt aus. Sondern auch den Namen: Die amerikanische Stadt Philadelphia war damals Inbegriff von Fortschritt und Natürlichkeit. Es dauerte nicht lange, bis auch der letzte kritische Genießer von der hohen Qualität der Zutaten und dem cremigen Geschmack von Philadelphia überzeugt war und das Produkt so im Sturm den amerikanischen Markt eroberte. Und auch in Deutschland wurde Philadelphia bereits kurz nach Markteinführung im Jahr 1961 zur beliebtesten Frischkäsezubereitung.

Die Herstellung

Dass sich Philadelphia immer größerer Beliebtheit erfreut, kommt nicht von ungefähr.
Philadelphia ist den hohen Ansprüchen an sich selbst immer treu geblieben. So unterliegt seine Produktion im Werk Bad Fallingbostel seit eh und je strengsten Qualitätskontrollen. Die Verwendung ausgesuchter Zutaten, wie bester Kuhmilch von ausgewählten Lieferanten und reinster Sahne, garantiert die kontinuierlich hohe Qualität. So kontrolliert die Zubereitung in der Praxis abläuft, so einfach ist sie im Prinzip. Die Sahne-Milch-Mischung wird mit weiteren Milcherzeugnissen verfeinert und unter hohem Druck homogenisiert und dann pasteurisiert,

um unerwünschte Keime abzutöten. Anschließend wird die Milch unter Einwirkung spezieller Bakterienkulturen »dickgelegt«. Über einen sogenannten Separator erfolgt anschließend die Trennung von Käsemasse und Molke. Nach abermaligem Homogenisieren, was Philadelphia seine unnachahmliche Cremigkeit gibt, und erneutem Erhitzen, wird er in seine Verpackung gefüllt.

Die Verwendung

Es gibt verschiedene Philadelphia-Produkte auf dem Markt, die sich im Fettgehalt oder in der Geschmacksrichtung unterscheiden. Dadurch ergeben sich vielfältige und kreative Verwendungsmöglichkeiten für die warme als auch die kalte Küche; für herzhafte wie süße Kreationen gleichermaßen. Der »klassische« Philadelphia eignet sich praktisch für jede Verwendung. Für einen besonders pikanten Geschmack gibt es verschiedene Geschmacksrichtungen, z.B. Basilikum, Kräuter, Meerrettich und Chili.

Sicheres Gelingen

Unsere abwechslungsreichen Rezeptideen wurden alle von Ernährungsexperten entwickelt und mehrfach getestet. So gelingen die Gerichte garantiert und können ohne viel Aufwand nachgekocht werden. Die nötigen Zutaten sind leicht erhältlich und in gut sortierten Supermärkten zu finden.

Backen mit Philadelphia

Philadelphia kann nicht nur für süße, sondern auch für eine Vielzahl von herzhaften Gerichten aus dem Backofen verwendet werden. Zum Backen eignen sich besonders alle Philadelphia Doppelrahm-Sorten hervorragend. So lassen sich Aufläufe und Überbackenes einfach und schnell zubereiten.

Kochen mit Philadelphia

Mit Philadelphia werden Saucen, Suppen und Füllungen himmlisch-cremig und bekommen einen unverwechselbaren Geschmack. Außerdem lassen sich Suppen und Saucen leicht binden und ausgezeichnet abrunden. Bei der Verwendung sollte darauf geachtet werden, dass der Philadelphia gegen Ende der Zubereitungszeit bei milder Hitze eingerührt und nicht mehr aufgekocht wird.

Desserts mit Philadelphia

Auch süße Rezeptideen gelingen bei der Verwendung von Philadelphia in der Küche ganz leicht. Die Kombination von cremigem Philadelphia mit Müsli, Früchten oder Schokolade schmeckt nicht nur kleinen Naschkatzen!

Mit himmlisch-cremigem Philadelphia lassen sich vielfältige Köstlichkeiten zaubern. Viel Spaß beim Ausprobieren! Weitere Rezepte finden Sie auf www.Philadelphia.de

Zum Löffeln & Dippen

Basilikum-Kartoffelsuppe

Suppenklassiker mit mediterranem Flair

Zutaten für 4 Portionen

1 gehäufter TL Salz
500 g mehlig kochende Kartoffeln
　(geschält, in Würfeln)
175 g PHILADELPHIA Basilikum
　Balance
1 Baguettebrötchen
1 Tomate (gewürfelt)

Zubereitungszeit: 20 Minuten

Zubereitung

1 | 1 Liter Wasser mit Salz zum Kochen bringen und die Kartoffeln darin garen. Anschließend im Kochwasser pürieren.

2 | Philadelphia einrühren und bei milder Hitze unter Rühren schmelzen lassen.

3 | Baguettebrötchen der Länge nach in dünne Scheiben schneiden und in einer beschichteten Pfanne ohne Öl vorsichtig rösten. Suppe mit Tomatenwürfeln und Baguettescheiben anrichten und servieren.

Pro Portion: ca. 1045 kJ / 249 kcal, E 9 g, F 5 g, KH 40 g

TIPP Philadelphia macht die Kartoffelsuppe besonders cremig. Sobald er in die Suppe gegeben wurde, sollte sie nicht mehr kochen.

Cremige Möhrensuppe

Wärmende Suppe mit frischen Möhren und fruchtigem Apfel – ein Genuss!

Zutaten für 4 Portionen

500 g Möhren

700 ml Gemüsebrühe

175 g PHILADELPHIA Balance

1 kleiner Apfel

Pfeffer aus der Mühle

1 Baguette

Zubereitungszeit: 30 Minuten

Zubereitung

1 | Möhren schälen, in Würfel schneiden und ca. 20 Minuten in der Gemüsebrühe weich kochen.

2 | Möhren in der Gemüsebrühe pürieren. Philadelphia in die Suppe geben und bei milder Hitze unter Rühren schmelzen lassen.

3 | Apfel in kleine Würfel schneiden. Die Suppe auf vier Teller verteilen, Apfelstücke auf die Suppe geben, nach Belieben mit Pfeffer bestreuen und sofort mit Baguette servieren.

Pro Portion: ca. 1859 kJ / 444 kcal, E 15 g, F 8 g, KH 77 g

TIPP Wenn Sie die Apfelwürfel mit etwas Zitronensaft beträufeln, werden sie nicht so schnell braun.

Tomatensuppe mit Knoblauch-Chips

Fein pürierte Tomaten mit knuspriger Einlage

Zutaten für 4 Portionen

1 Zwiebel (fein gehackt)
2 TL Olivenöl
1 Dose geschälte Tomaten
  (mit Saft ca. 800 g)
175 g PHILADELPHIA Kräuter
  Balance
2 EL KRAFT® Tomaten Ketchup
4 Knoblauchzehen (in Scheiben)
1 Baguette

Zubereitungszeit: 20 Minuten

Zubereitung

1 | Zwiebel in einem Teelöffel heißem Olivenöl glasig anbraten. Tomaten mit Saft sowie 500 Milliliter Wasser zugeben, auf–kochen und 10 Minuten weiter kochen lassen.

2 | Philadelphia zufügen und bei milder Hitze unter Rühren schmelzen lassen, dabei nicht mehr aufkochen.

3 | Ketchup unterrühren. Die Tomatensuppe mit einem Pürier-stab pürieren.

4 | Übriges Olivenöl in einer Pfanne erhitzen; Knoblauchschei-ben leicht rösten. Tomatensuppe auf vier Teller oder Schalen verteilen, mit Knoblauch-Chips garnieren und mit Baguette servieren.

Pro Portion: ca. 1874 kJ, 447 kcal, E 15 g, F 10 g, KH 74 g

Italienische Gemüsesuppe

Mediterrane Suppe mit buntem Gemüse und knusprigen Brotwürfeln

Zutaten für 4 Portionen

2 Möhren (in Scheiben)
1 Sellerieknolle
(in feinen Würfeln)
2 EL Olivenöl
1 l Gemüsebrühe
1 Zucchini (in Scheiben)
1 Dose weiße Bohnen
(abgetropft ca. 250 g)
175 g PHILADELPHIA Kräuter
so leicht
4 Scheiben Graubrot (in Würfeln)

Zubereitungszeit: 20 Minuten

Zubereitung

1 | Möhrenscheiben und Selleriewürfel in einer Pfanne in einem Esslöffel heißem Öl kurz anbraten; mit Gemüsebrühe aufgießen und ca. 10 Minuten köcheln lassen.

2 | Zucchinischeiben und abgetropfte Bohnen dazugeben und weitere 5 Minuten ziehen lassen.

3 | Topf von der Herdplatte nehmen, Philadelphia unter Rühren in der Gemüsesuppe schmelzen. Nicht mehr aufkochen.

4 | Graubrotwürfel in einer Pfanne im übrigen Olivenöl knusprig rösten. Suppe auf vier Teller verteilen und mit den gerösteten Brotwürfeln garniert servieren.

Pro Portion: ca. 1181 kJ / 282 kcal, E 14 g, F 8 g, KH 36 g

Kürbissuppe mit Parmesanchips

Aromatische Suppe mit würzigem Knuspererlebnis

Zutaten für 4 Portionen

1 Zwiebel
1 TL Butter
1 kg Kürbis (in Stücken)
1 l Gemüsebrühe
75 g Parmesan (grob geraspelt)
150 g PHILADELPHIA Doppel-
    rahmstufe
1 Baguette

Zubereitungszeit: 35 Minuten

Zubereitung

1 | Zwiebel fein hacken und in einem großen Topf in Butter andünsten. Kürbisstücke und Gemüsebrühe dazugeben und das Ganze ca. 20 Minuten kochen, bis der Kürbis weich ist.

2 | Parmesanraspel zu acht kleinen Bergen in einer beschichteten Pfanne aufhäufen und ohne Öl für 5 Minuten anrösten. In der Pfanne abkühlen lassen.

3 | Suppe pürieren und den Philadelphia bei milder Hitze unter Rühren darin schmelzen lassen, dabei nicht mehr aufkochen. Die Suppe mit Parmesanchips angerichtet servieren und das Baguette dazu reichen.

Pro Portion: ca. 2474 kJ / 591 kcal, E 23 g, F 19 g, KH 78 g

Zwiebelsuppe
mit Philadelphia®

Herzhaft-cremige Zwiebelsuppe mit Parmesan und Croûtons

Zutaten für 4 Portionen

500 g Zwiebeln
(in Streifen geschnitten)
1 TL Butter
1 EL Speisestärke
1 l Gemüsebrühe
150 g PHILADELPHIA Balance
1 kleines Baguette
2 EL Parmesan (gerieben)
1/2 Bund Petersilie (gehackt)

Zubereitungszeit: 25 Minuten

Zubereitung

1 | Zwiebeln in Butter andünsten und Speisestärke zufügen. Mit Gemüsebrühe ablöschen und 10 Minuten bei geringer Hitze köcheln lassen.

2 | Philadelphia in die Suppe geben und bei milder Hitze unter Rühren schmelzen lassen, dabei nicht mehr aufkochen.

3 | Baguette aufschneiden. 8 Scheiben auf dem Toaster rösten, anschließend in Würfel schneiden. Suppe auf vier Suppentassen verteilen, mit gerösteten Baguettewürfeln, Parmesan und Peter–silie bestreut servieren. Dazu das übrige Baguette reichen.

Pro Portion: ca. 1443 kJ / 344 kcal, E 12 g, F 12 g, KH 46 g

Cremige Süßkartoffelsuppe

Heiße Suppe mit aromatischem Ingwer

Zutaten für 4 Portionen

1 Stück frischer Ingwer
  (ca. walnussgroß)
500 g rote Süßkartoffeln
600 ml Gemüsebrühe
175 g PHILADELPHIA Joghurt
  Balance
Pfeffer aus der Mühle
2 EL frische Kräuter (z.B. Majoran)

Zubereitungszeit: 30 Minuten

Zubereitung

1 | Ingwer schälen und halbieren; Süßkartoffeln schälen, in Scheiben schneiden und mit dem Ingwer ca. 15 Minuten in der Gemüsebrühe weich kochen. Anschließend den Ingwer aus der Brühe entfernen.

2 | Süßkartoffeln in der Gemüsebrühe pürieren. Philadelphia in die Kartoffelsuppe geben und bei milder Hitze unter Rühren schmelzen lassen, nicht mehr aufkochen. Mit etwas Pfeffer abschmecken.

3 | Die Suppe auf vier Teller oder Schalen verteilen und mit frischen Kräutern dekoriert servieren.

Pro Portion: ca. 1144 kJ / 271 kcal, E 6 g, F 8 g, KH 43 g

TIPP Anstelle des frischen Ingwers können Sie die Suppe auch mit etwas gemahlenem Ingwer exotisch abschmecken.

Schafskäse-Dip mit Rucola

Frischer Dip mit knackigem Gemüse und würzigem Schafskäse

Zutaten für 6 Portionen

175 g PHILADELPHIA Balance
2 EL Milch
100 g Schafskäse
100 g Rucola (fein gehackt)
2 Frühlingszwiebeln (in Ringen)

Zubereitungszeit: 10 Minuten

Zubereitung

1 | Philadelphia mit Milch glatt rühren.

2 | Schafskäse in kleine Würfel schneiden und unterrühren.

3 | Rucola und Frühlingszwiebeln zufügen und nach Belieben mit Gemüsesticks und Mehrkornbaguette servieren.

Pro Portion (berechnet mit Kohlrabi und Mehrkornbaguette):
ca. 1272 kJ / 304 kcal, E 13 g, F 8 g, KH 45 g

TIPP In Stifte geschnitten schmecken auch Paprikaschoten, Gurken, Möhren oder Stangensellerie sehr gut zum Schafskäse-Dip.

Philadelphia® Dijon-Dip

Cremig-würziger Senf-Dip – fein abgeschmeckt mit Honig

Zutaten für 6 Portionen

175 g PHILADELPHIA Doppel-
    rahmstufe
3 EL Milch
4 TL Dijon Senf
1 TL Honig
1/2 Bund Estragon

Zubereitungszeit: 10 Minuten

Zubereitung

1 | Philadelphia mit Milch glatt rühren, Dijon Senf und Honig dazugeben.

2 | Estragon fein hacken und unter den Dip rühren. Schmeckt sehr gut zu Staudensellerie und Vollkornbrotstreifen.

Pro Portion: ca. 911 kJ / 213 kcal, E 8 g, F 9 g, KH 25 g

TIPP Anstelle von Estragon können Sie auch gehackte Petersilie verwenden.

Curry-Dip
sweet & spicy

Fruchtig-scharfer Dip – schnell fertig und passend zu jeder Gelegenheit

Zutaten für 6 Portionen

1 kleine Dose Ananas
  (abgetropft ca. 140 g)
175 g PHILADELPHIA Balance
2 EL KRAFT® Tomaten Ketchup
1 EL Currypulver
1 TL Chili-Flocken

Zubereitungszeit: 10 Minuten

Zubereitung

1 | Ananas abtropfen und den Saft dabei auffangen. Die Ananas in feine Stücke schneiden.

2 | Philadelphia mit dem Ketchup, Currypulver und 3 Esslöffeln Ananassaft verrühren.

3 | Ananasstücke unterheben, den Dip mit Chiliflocken abschmecken und servieren.

Pro Portion: ca. 334 kJ / 80 kcal, E 3 g, F 4 g, KH 8 g

TIPP Der Dip schmeckt sehr gut zum Fondue, aber auch zu gegrilltem Fleisch und Gemüse.

Rustikales Philadelphia®-Fondue

Köstlich-cremiges Fondue für das gemütliche Beisammensein

Zutaten für 6 Portionen

1 Zwiebel (in feinen Würfeln)

1 Knoblauchzehe (gehackt)

1 TL Butter

350 ml Gemüsebrühe

525 g PHILADELPHIA Doppelrahmstufe

2 EL Zitronensaft

Pfeffer aus der Mühle

knuspriges Brot und Gemüse-
streifen nach Belieben

Zubereitungszeit: 30 Minuten

Zubereitung

1 | Zwiebel und Knoblauch in einem großen Topf in Butter andünsten. Mit Gemüsebrühe ablöschen und ca. 5 Minuten köcheln lassen.

2 | Philadelphia dazugeben und bei milder Hitze unter Rühren schmelzen lassen, nicht mehr aufkochen. Mit Zitronensaft und Pfeffer abschmecken und in einen Fonduetopf umfüllen.

3 | Brot und Gemüse auf Spieße oder Gabeln stecken, in das Philadelphia-Fondue tauchen und genießen.

Pro Portion: ca. 2001 kJ / 478 kcal, E 21 g, F 13 g, KH 67 g

TIPP Verfeinern Sie das Fondue ganz nach Belieben mit etwas Weißwein oder frischen, in Ringe geschnittenen Lauchzwiebeln.

Zum Reinbeißen

Köstlicher Thunfisch-Wrap

Herzhafter Tortilla-Snack mit Tomaten, Thunfisch und Möhren

Zutaten für 4 Portionen

4 große Soft-Tortillas
(Fertigprodukt)
175 g PHILADELPHIA Kräuter
so leicht
Einige Kopfsalatblätter
2 Tomaten (in Scheiben)
1 Dose Thunfisch ohne Öl
(abgetropft ca. 140 g)
2 Möhren (in Raspeln)

Zubereitungszeit: 15 Minuten

Zubereitung

1 | Soft-Tortillas mit der Hälfte des Philadelphia bestreichen, mit Salatblättern und Tomatenscheiben belegen.

2 | Thunfisch mit Möhrenraspeln und übrigem Philadelphia mischen und auf die Tortillas verteilen.

3 | Tortillas seitlich einschlagen, einrollen und halbieren. Um die Enden Butterbrotpapier wickeln.

Pro Portion: ca. 760 kJ / 219 kcal, E 18 g, F 6 g, KH 24 g

Bunt-belegter Bagel

Lecker als Snack: Bagel mit knackiger Möhre und herzhafter Putensalami

Zutaten für 2 Portionen

2 Sesambagels
2 EL PHILADELPHIA Rote Chili
   Balance
1 Möhre
einige Blätter Rucola
4 Scheiben Putensalami
   (dünn geschnitten)
2 Scheiben Edamer
1 Tomate (in Scheiben)

Zubereitungszeit: 10 Minuten

Zubereitung

1 | Sesambagels quer halbieren und die beiden Hälften mit dem Philadelphia bestreichen.

2 | Möhre mit dem Sparschäler in breite Streifen schneiden. Die untere Bagelhälfte jeweils mit Rucola und Möhrenstreifen sowie zwei Scheiben Putensalami und einer Scheibe Edamer belegen.

3 | Tomatenscheiben darauf geben und mit der oberen Bagelhälfte abdecken.

Pro Portion: ca. 1609 kJ / 377 kcal, E 21 g, F 16 g, KH 37 g

TIPP

Anstelle von Bagels können Sie natürlich auch normale Brötchen verwenden.

Feine Lachs-Canapé-Ecken

Herzhafte Schwarzbrotsnacks mit Meerrettich und Räucherlachs

Zutaten für 4 Portionen

6 Scheiben Schwarzbrot
100 g PHILADELPHIA Meerrettich
   Balance
100 g Räucherlachs
2 Bund Dill

Vorbereitungszeit: 10 Minuten
Kühlzeit: 30 Minuten

Zubereitung

1 | Zwei Scheiben Schwarzbrot mit Philadelphia bestreichen und mit Lachs belegen. Mit jeweils einer weiteren Scheibe Schwarzbrot bedecken.

2 | Erneut mit Philadelphia bestreichen und mit Dill belegen, jeweils mit einer weiteren Scheibe Schwarzbrot abschließen.

3 | Geschichtete Brote in Frischhaltefolie einwickeln und für ca. 30 Minuten in das Tiefkühlfach stellen, anschließend herausnehmen und in jeweils 8 Canapé-Ecken schneiden.

Pro Portion (4 Ecken): ca. 905 kJ / 260 kcal, E 13 g, F 7 g, KH 35 g

TIPP Variieren Sie ganz nach Belieben, und probieren Sie die Canapés auch einmal mit Philadelphia Kräuter und Salami.

Gurkenröllchen
mit Räucherlachs

Ein herzhafter Snack, der die Aufmerksamkeit auf sich zieht

Zutaten für 24 Stück
1/2 Salatgurke
150 g PHILADELPHIA Balance
300 g Räucherlachs
1 Bund Dill

Zubereitungszeit: 45 Minuten

Zubereitung

1 | Salatgurke längs halbieren, anschließend von der Seite her mit einem Sparschäler in lange Streifen schneiden.

2 | Gurkenstreifen mit einem Küchenpapier abtupfen und mit Philadelphia bestreichen.

3 | Bestrichene Gurkenstreifen mit Räucherlachs belegen. Jeweils eine Dillspitze ans äußere Ende der Streifen legen und von diesem Ende ausgehend die Gurkenstreifen einrollen, anschließend mit Zahnstochern fixieren.

Pro Stück: ca. 51 kJ / 34 kcal, E 3 g, F 2 g, KH 1 g

TIPP Anstelle des Dills können Sie auch einige knackige Sprossen einrollen.

Kräuter-Eier auf Blattsalat

Beliebt für Buffets: Gefüllte Eier mit Kräutern und Cornichons

Zutaten für 4 Portionen

4 hart gekochte Eier
2 EL Miracel Whip® Balance
   in der Dosierflasche
2 EL PHILADELPHIA Kräuter
   Balance
4 Cornichons (in feinen Würfeln)
4 EL fein gehackte Kräuter
   (z.B. Schnittlauch und Petersilie)
einige Blätter Lollo Bianco

Zubereitungszeit: 20 Minuten

Zubereitung

1 | Eier schälen und längs halbieren. Das Eigelb auslöffeln und durch ein Sieb streichen. Mit Miracel Whip®, Philadelphia, Cornichons und Kräutern verrühren.

2 | Creme in einen Spritzbeutel mit großer Sterntülle füllen und in die Eihälften spritzen.

3 | Gefüllte Eier auf Lollo Bianco setzen und z. B. mit Vollkorn-toastbrot servieren.

Pro Portion: ca. 996 kJ / 238 kcal, E 12 g, F 11 g, KH 22 g

TIPP Für festliche Anlässe können Sie das Toastbrot auch mit Keksausstechern in Form bringen.

Gratinierte Gemüse-Crostini

Überbackenes Ciabatta mit knackigem Gemüse und würzigem Parmesan

Zutaten für 4 Portionen

400 g buntes Gemüse
   (z.B. 1/2 Zucchini, 1 Paprika
   und 1 Möhre)
1 TL Olivenöl
1/2 Bund Petersilie (gehackt)
1 Ciabatta Brot (ca. 300 g)
200 g PHILADELPHIA Kräuter
   Balance
40 g Parmesan (in groben Spänen)

Vorbereitungszeit: 10 Minuten
Backzeit: 10 Minuten

Zubereitung

1 | Backofen auf 180 °C (Oberhitze) vorheizen. Gemüse in mundgerechte Stücke schneiden und in einer Pfanne in heißem Öl 5 Minuten braten, Petersilie unterheben.

2 | Ciabatta in 4 Stücke schneiden, diese aufschneiden und mit Philadelphia bestreichen.

3 | Gemüse darauf verteilen, mit Parmesan bestreuen und ca. 10 Minuten im Ofen gratinieren.

Pro Portion: ca. 1490 kJ / 353 kcal, E 14 g, F 13 g, KH 44 g

TIPP Probieren Sie die Gemüse-Crostini doch auch einmal mit Philadelphia Basilikum Balance, frischen Tomaten und Mozzarella.

Knusprige Kürbis-Bruschetta

Gebackener Rosmarin-Kürbis auf knusprigem Holzofenbrot

Zutaten für 4 Portionen

1 kg Kürbis (in Würfeln)
2 Zweige Rosmarin
1 EL Olivenöl
2 Knoblauchzehen (in Scheiben)
8 Scheiben Holzofenbrot
175 g PHILADELPHIA Balance

Vorbereitungszeit: 10 Minuten
Backzeit: 25 Minuten

Zubereitung

1 | Backofen auf 200 °C (Umluft) vorheizen. Kürbiswürfel, Rosmarinnadeln und Olivenöl vermengen und auf einem mit Backpapier ausgelegten Backblech verteilen.

2 | Kürbis im Ofen ca. 15 Minuten goldbraun backen; die Knoblauchscheiben zufügen und weitere 10 Minuten backen.

3 | Holzofenbrot toasten, mit Philadelphia bestreichen, den warmen Kürbis darauf verteilen und sofort servieren.

Pro Portion: ca. 1465 kJ / 349 kcal, E 11 g, F 10 g, KH 52 g

TIPP Außerhalb der Kürbissaison können Sie für die Bruschetta auch Kürbis aus dem Glas verwenden. Dann die Backzeit entsprechend reduzieren.

Heiße Tortilla-Päckchen

Lecker-krosse Tortillafladen mit Salami und Paprika

Zutaten für 8 Stück

1 Glas gegrillte Paprika
　(abgetropft ca. 230 g)
8 große Soft-Tortilla
　(Fertigprodukt)
100 g PHILADELPHIA Kräuter
　Doppelrahmstufe
8 Scheiben Salami
einige Zahnstocher

Vorbereitungszeit: 15 Minuten
Grillzeit: 10 Minuten

Zubereitung

1 | Gegrillte Paprika aus dem Glas gut abtropfen lassen. Tortillas mit Philadelphia bestreichen. Jeweils mit gegrillter Paprika und Salami belegen.

2 | Den Fladen zu einem Päckchen nach innen einschlagen, mit Zahnstochern fixieren und für ca. 10 Minuten auf dem heißen Grill grillen, dabei gelegentlich wenden.

Pro Stück: ca. 1617 kJ / 387 kcal, E 13 g, F 14 g, KH 52 g

TIPP
Variieren Sie ganz nach Lust und Laune, und probieren Sie die Tortilla-Päckchen auch einmal mit Philadelphia, Salami und Mais.

Gefüllte Tomaten auf Pumpernickel

Ein echter Hingucker für Ihre Party und ein schneller Snack für zwischendurch

Zutaten für 4 Portionen

12 Cocktailtomaten

12 TL PHILADELPHIA Kräuter
   Balance

12 Pumpernickeltaler

1 Bund Basilikum

12 Zahnstocher

Zubereitungszeit: 15 Minuten

Zubereitung

1 | Jeweils das obere Drittel der Cocktailtomaten abschneiden, Tomaten mit einem Löffel entkernen und jeweils mit einem Teelöffel Philadelphia füllen.

2 | Je eine gefüllte Tomate auf einen Pumpernickeltaler mit einem Basilikumblatt setzen und mit einem Zahnstocher fixieren.

Pro Stück: ca. 188 kJ / 45 kcal, E 2 g, F 1 g, KH 7 g

TIPP Anstelle der Pumpernickeltaler können Sie auch normales Schwarzbrot verwenden – einfach mit runden Ausstechformen kleine Taler ausstechen.

Aus dem Ofen

Basilikum-Tomaten-Pizza

Einfach und raffiniert: Pizzavariation mit cremigem Philadelphia® Basilikum

Zutaten für 12 Stücke

1 Pizzateig
  (gekühltes Fertigprodukt)
175 g PHILADELPHIA Basilikum
  Balance
4 Tomaten (in Scheiben)
80 g Gouda (gerieben)

Vorbereitungszeit: 10 Minuten
Backzeit: 20 Minuten

Zubereitung

1 | Ofen auf 180 °C (Umluft) vorheizen. Pizzateig ausrollen und auf ein mit Backpapier ausgelegtes Backblech legen.

2 | Pizzateig mit Philadelphia bestreichen, mit Tomatenscheiben belegen und mit Käse bestreuen, anschließend im Backofen ca. 20 Minuten backen.

3 | Pizza nach Belieben mit frischem Basilikum dekorieren, in 12 Stücke schneiden und servieren.

Pro Stück: ca. 618 kJ / 147 kcal, E 5 g, F 5 g, KH 18 g

TIPP
Die Basilikum-Tomaten-Pizza ist im Handumdrehen vorbereitet – den Rest übernimmt der Backofen.

Kartoffel-Lauchauflauf mit Schinken

Ein rustikaler Auflauf mit cremigem Lauchgemüse und knusprigen Schinkenstreifen

Zutaten für 4 Portionen

1,2 kg Kartoffeln
1/2 Lauch (in Ringen)
1 EL Öl
1 EL Mehl
300 ml Gemüsebrühe
200 g PHILADELPHIA Doppel-
    rahmstufe
160 g roher Schinken
    (in Scheiben)

Vorbereitungszeit: 15 Minuten
Backzeit: 15 Minuten

Zubereitung

1 | Kartoffeln in Wasser kochen und anschließend pellen. Lauch in einer Pfanne kurz in heißem Öl anbraten. Anschließend mit Mehl bestäuben und mit Gemüsebrühe ablöschen, kurz aufkochen lassen.

2 | Hitze reduzieren, Philadelphia dazugeben und unter Rühren langsam schmelzen lassen.

3 | Die gekochten Kartoffeln in Spalten schneiden und abwechselnd mit dem Schinken in eine Auflaufform schichten. Das Philadelphia-Lauchgemüse darübergeben und den Kartoffel-Lauchauflauf ca. 15 Minuten im Ofen backen.

Pro Portion: ca. 1946 kJ / 465 kcal, E 20 g, F 18 g, KH 51 g

Gefüllte Couscous-Tomaten

Exotisch gefüllte Tomaten – vegetarisch genießen

Zutaten für 4 Portionen

200 g Couscous
8 Fleischtomaten
2 Möhren (in Würfeln)
100 g Sultaninen
Saft zweier Zitronen
250 g PHILADELPHIA Balance
1 Bund glatte Petersilie
　(fein gehackt)
etwas Kreuzkümmel
etwas Öl für die Form

Vorbereitungszeit: 15 Minuten
Backzeit: ca. 15 Minuten

Zubereitung

1 | Backofen auf 180 °C (Umluft) vorheizen. Couscous nach Packungsanweisung zubereiten. Von den Fleischtomaten einen Deckel abschneiden und das Innere aushöhlen.

2 | Couscous, Möhrenwürfel, Sultaninen und 1 Esslöffel Zitronensaft mit Philadelphia vermengen. Petersilie vorsichtig unterheben, mit Kreuzkümmel würzen.

3 | Philadelphia-Couscous-Mischung in die Fleischtomaten füllen und den Deckel aufsetzen. Couscous-Tomaten in eine leicht gefettete, feuerfeste Form stellen und ca. 15 Minuten im Ofen backen.

4 | Fertige Tomaten nach Belieben mit Zitronensaft beträufeln und servieren.

Pro Portion: ca. 1816 kJ / 444 kcal, E 16 g, F 9 g, KH 70 g

TIPP Das Tomateninnere können Sie prima als Pizzabelag oder zur Zubereitung einer Tomatensuppe weiterverwenden.

Herzhafte Spargelpizza

Pizza mal anders: Mit knackigem grünem Spargel und würzigem Parmesan – lecker!

Zutaten für 4 Portionen

1 Pizzateig
   (gekühltes Fertigprodukt)
500 g grüner Spargel
175 g PHILADELPHIA Balance
50 g Parmesan (geraspelt)

Vorbereitungszeit: 5 Minuten
Backzeit: ca. 15 Minuten

Zubereitung

1 | Ofen auf 200 °C (Umluft) vorheizen. Pizzateig ausrollen und auf ein mit Backpapier ausgelegtes Backblech legen.

2 | Das untere Drittel des Spargels schälen und eventuell holzige Enden abschneiden. Pizzateig mit Philadelphia bestreichen, anschließend dicht mit Spargel belegen und zum Schluss mit Parmesan bestreuen.

3 | Spargelpizza im Ofen ca. 15 Minuten backen, anschließend in 8 Stücke schneiden und servieren.

Pro Portion (2 Stücke): ca. 1520 kJ / 361 kcal, E 17 g, F 14 g, KH 42 g

TIPP

Schmeckt auch prima mit weißem Spargel und hauchdünn geschnittenem rohem Schinken belegt. Dafür den Spargel schälen und einfach 10 Minuten in Salzwasser vorgaren.

Herzhafte Frühlings-Tartletts

Kleine Törtchen gefüllt mit Gemüse und Hähnchenfilet

Zutaten für 6 Stück

1 Pizzateig
  (gekühltes Fertigprodukt)
300 g Hähnchenbrustfilet
1 TL Öl
1 Knoblauchzehe (gehackt)
2 Möhren (in Würfeln)
1 Bund Frühlingszwiebeln
  (in Ringen)
2 EL PHILADELPHIA Balance

Vorbereitungszeit: 10 Minuten
Backzeit: 20 Minuten

Zubereitung

1 | Backofen auf 250 °C (Umluft) vorheizen. 6 Tartlettförmchen mit Pizzateig auslegen.

2 | Hähnchenbrustfilet in kleine Würfel schneiden und in einer Pfanne in heißem Öl anbraten. Anschließend Knoblauch, Möhrenwürfel und Frühlingszwiebeln zufügen und in der Pfanne bissfest dünsten. Philadelphia unter die Gemüsemischung rühren.

3 | Die Masse in die Förmchen füllen und ca. 20 Minuten im Ofen backen. Kurz abkühlen lassen, aus den Förmchen lösen und die Tartletts servieren.

Pro Stück: ca. 834 kJ / 198 kcal, E 13 g, F 5 g, KH 25 g

Mediterrane Muffins mit Haube

Herzhafte Muffins mit cremigem Philadelphia® Kräuter Balance Topping

Zutaten für 12 Stück

1 EL Öl
250 g Mehl
3 TL Backpulver
1 TL Salz
2 Eier
250 g PHILADELPHIA Kräuter
   Balance
1 Bund Basilikum (gehackt)
3 Tomaten (in Würfeln)

Vorbereitungszeit: 15 Minuten
Backzeit: 30 Minuten

Zubereitung

1 | Backofen auf 160 °C (Umluft) vorheizen. Die Mulden einer Muffinbackform mit Öl einfetten, mit einem Esslöffel des Mehls bestäuben.

2 | Das übrige Mehl mit Backpulver vermischen. Salz, Eier und 180 Gramm des Philadelphias dazugeben und alles mit dem elektrischen Handrührgerät (Knethaken) zu einem glatten Teig verkneten.

3 | Basilikum und Tomatenwürfel unterheben und die Teigmasse salzen und pfeffern. In die Mulden der Muffinbackform füllen und ca. 30 Minuten im Ofen backen.

4 | Die Muffins gut auskühlen lassen und mit dem übrigen Philadelphia servieren.

Pro Stück: ca. 586 kJ / 140 kcal, E 5 g, F 6 g, KH 17 g

TIPP Wenn Sie keine Muffinform zur Hand haben, können Sie auch je zwei Papierförmchen ineinander stecken, auf ein Backblech setzen und die Teigmasse einfüllen.

Gefüllte Schnecken mit Schinken

Gerollte Pizzaschnecken mit Schinken, Zucchini und Zwiebel

Zutaten für 12 Stück

1 kleine Zucchini

1 Pizzateig
  (gekühltes Fertigprodukt)

100 g PHILADELPHIA Kräuter
  so leicht

80 g roher Schinken
  (in dünnen Scheiben)

1 kleine Zwiebel (in Ringen)

Vorbereitungszeit: 10 Minuten
Backzeit: 25 Minuten

Zubereitung

1 | Backofen auf 180 °C (Umluft) vorheizen. Zucchini mit dem Sparschäler in breite Streifen schneiden.

2 | Pizzateig ausrollen (ca. 30 x 40 cm), mit Philadelphia bestreichen, mit Schinken, Zucchinistreifen und Zwiebelringen belegen, anschließend aufrollen.

3 | Von der Teigrolle 12 daumendicke Schnecken abschneiden. Auf ein mit Backpapier ausgelegtes Backblech legen und ca. 25 Minuten backen.

Pro Stück: ca. 403 kJ / 95 kcal, E 5 g, F 2 g, KH 14 g

TIPP Anstelle des Schinkens können Sie auch Räucherlachs verwenden. Und falls etwas übrig bleibt: Die Schnecken lassen sich gut einfrieren und im Ofen wieder frisch aufbacken.

Knuspriger roter Zwiebelkuchen

Klassischer Zwiebelkuchen mit roten Zwiebeln und cremigem Philadelphia®

Zutaten für 6 Stücke

1 Pizzateig
   (für ein Blech, Fertigprodukt)
200 g PHILADELPHIA Doppelrahmstufe
4 rote Zwiebeln (in Ringen)
1 Bund Petersilie (gehackt)
100 g roher Schinken
   (in Scheiben)

Vorbereitungszeit: 10 Minuten
Backzeit: 25 Minuten

Zubereitung

1 | Grundmischung für Pizzateig nach Packungsanweisung zubereiten und auf einem mit Backpapier ausgelegten Backblech (ca. 30 x 40 cm) ausrollen. Backofen auf 175 °C (Ober- und Unterhitze) vorheizen.

2 | Philadelphia mit 5 Esslöffeln Wasser glatt rühren. Rote Zwiebelringe und Petersilie unterheben und die Philadelphia-Mischung auf dem Teig verteilen.

3 | Zwiebelkuchen ca. 25 Minuten im Ofen backen. Kurz vor Ende der Garzeit den rohen Schinken auf dem Zwiebelkuchen verteilen. Den fertigen Zwiebelkuchen in sechs Stücke schneiden und servieren.

Pro Stück: ca. 1352 kJ / 314 kcal, E 12 g, F 10 g, KH 43 g

Lachsfilet mit Philadelphia®-Haube

Lachsfilet aus dem Ofen mit cremiger Haube und grünem Spargel

Zutaten für 4 Portionen

1 kg Kartoffeln (geschält)
Salz
750 g grüner Spargel
4 Lachsfilets (je ca. 125 g)
150 g PHILADELPHIA Doppelrahmstufe

Vorbereitungszeit: 15 Minuten
Backzeit: 20 Minuten

Zubereitung

1 | Die Kartoffeln in Salzwasser kochen. Ofen auf 200 °C (Umluft mit Oberhitze) vorheizen. Das untere Drittel des grünen Spargels schälen und eventuell holzige Enden abschneiden.

2 | Lachsfilets in eine Auflaufform legen und mit Philadelphia bestreichen, dann ca. 20 Minuten im Ofen backen. Währenddessen den Spargel in siedendem Wasser ca. 10 Minuten garen.

3 | Lachsfilets mit Philadelphia-Haube zu den gekochten Kartoffeln und grünem Spargel servieren.

Pro Portion: ca. 1864 kJ / 441 kcal, E 33 g, F 15 g, KH 42 g

TIPP Sie können sowohl frischen als auch tiefgekühlten Lachs verwenden. Tiefgekühlte Filets vor der Verwendung im Kühlschrank auftauen.

Gefülltes Philadelphia® Hähnchenfilet

Cremiger Philadelphia® in saftigem Hähnchenfleisch – lecker!

Zutaten für 4 Portionen

4 Hähnchenbrustfilets
  (je ca. 150 g)
150 g PHILADELPHIA Kräuter
  Doppelrahmstufe
1 TL Paprikapulver
1 TL Öl
250 g Reis
300 g grüne Bohnen
etwas Salz

Vorbereitungszeit: 10 Minuten
Backzeit: 25 Minuten

Zubereitung

1 | Ofen auf 180 °C (Umluft) vorheizen. In die Hähnchenbrustfilets seitlich eine Tasche schneiden, mit Philadelphia füllen und mit Zahnstochern sorgfältig verschließen.

2 | Paprikapulver mit Öl verrühren und die Hähnchenbrustfilets damit bestreichen, anschließend ca. 25 Minuten im Ofen garen.

3 | Währenddessen den Reis nach Packungsanweisung zubereiten, und die Bohnen in etwas leicht gesalzenem, kochendem Wasser kochen. Hähnchenbrustfilets mit Bohnen und Reis servieren.

Pro Portion: ca. 1912 kJ / 485 kcal, E 33 g, F 12 g, KH 53 g

Gerolltes Zwiebelbrot mit Philadelphia®

Frisch gebackenes Brot mit köstlicher Füllung

Zutaten für 4 Portionen
1 Pizzateig
  (gekühltes Fertigprodukt)
175 g PHILADELPHIA Kräuter
  Balance
1 rote Zwiebel (in Ringen)

Vorbereitungszeit: 10 Minuten
Backzeit: 20 Minuten

Zubereitung

1 | Backofen auf 180 °C (Umluft) vorheizen. Pizzateig ausrollen, mit Philadelphia bestreichen und mit Zwiebelringen belegen.

2 | Den Teig von der kurzen Seite aufrollen und auf ein mit Backpapier ausgelegtes Backblech legen.

3 | Teigrolle der Länge nach dreimal tief mit einem scharfen Messer einschneiden und ca. 20 Minuten im Ofen backen.

Pro Portion: ca. 1226 kJ / 290 kcal, E 10 g, F 9 g, KH 41 g

Gefüllte Spitzpaprika Asia

Knackige Spitzpaprika mit China-Gemüse und Philadelphia®-Topping

Zutaten für 4 Portionen

6 rote Spitzpaprika
250 g Basmatireis
1 Packung chinesisches Pfannen-
   gemüse (tiefgefroren, 400 g)
175 g PHILADELPHIA Balance
1 Stück Ingwer (ca. walnussgroß)
250 ml Gemüsebrühe

Vorbereitungszeit: 10 Minuten
Backzeit: 20 Minuten

Zubereitung

1 | Backofen auf 180 °C (Umluft) vorheizen. Spitzpaprika längs halbieren und das Kerngehäuse entfernen. Reis kochen und das Pfannengemüse nach Packungsanweisung zubereiten.

2 | Pfannengemüse mit dem Reis vermischen und in die Paprikahälften füllen. Diese in eine Auflaufform schichten und den Philadelphia in Flocken darauf verteilen.

3 | Ingwer fein reiben und in die Gemüsebrühe einrühren. Die gefüllten Paprika mit der Brühe angießen und ca. 20 Minuten im Ofen garen.

Pro Portion: ca. 1731 kJ / 413 kcal, E 13 g, F 12 g, KH 63 g

TIPP

Wenn Sie keine Spitzpaprika bekommen, können Sie auch normale Parikaschoten verwenden. Rote sehen besonders schön aus.

Bunter Ofeneintopf
mit saftigem Gulasch

Herzhafter Eintopf mit Kartoffeln, buntem Gemüse und Schweinefleisch

Zutaten für 6 Portionen

800 g Kartoffeln
  (geschält, in Würfeln)
2 Möhren (in Scheiben)
1 Gemüsezwiebel (gehackt)
1 Glas Tomatenpaprika
  (in Streifen, ca. 650 g)
400 g Gulasch vom Schwein
1 Packung stückige Tomaten
1 l Gemüsebrühe
350 g PHILADELPHIA Balance
1 kleines Baguette

Vorbereitungszeit: 15 Minuten
Kochzeit: 2 Stunden

Zubereitung

1 | Backofen auf 200 °C (Umluft) vorheizen. Kartoffeln, Möhren, Zwiebel, Tomatenpaprika (mit Saft), Gulasch und Tomaten in einen großen, ofenfesten Kochtopf geben.

2 | Mit Gemüsebrühe auffüllen und bei geschlossenem Deckel für ca. 2 Stunden im Ofen garen.

3 | Eintopf aus dem Ofen nehmen und kurz abkühlen lassen. Anschließend Philadelphia langsam einrühren und mit Baguette servieren.

Pro Portion: ca. 1807 kJ / 431 kcal, E 26 g, F 14 g, KH 48 g

TIPP Zwiebeln verursachen beim Schneiden weniger Augenbrennen, wenn sie mit einem sehr scharfen Messer geschnitten werden. Die Zwiebelzellen werden nicht gequetscht, und es treten weniger ätherische Öle aus, die das Brennen hervorrufen.

Vom Herd

Petersilienwurzelpüree mit Schweinemedaillons

Interessantes Hauptgericht mit cremigem Püree, Schweinefilet und Rosenkohl

Zutaten für 4 Portionen

300 g Petersilienwurzel
(geschält, in Würfeln)
500 g Kartoffeln
(geschält, in Würfeln)
Salz
500 g Rosenkohl
1 Schweinefilet (à 500 g)
1 EL Öl
Pfeffer aus der Mühle
150 g PHILADELPHIA Doppelrahmstufe
etwas Muskatnuss

Zubereitungszeit: 30 Minuten

Zubereitung

1 | Petersilienwurzel- und Kartoffelwürfel in leicht gesalzenem Wasser ca. 15 Minuten weich kochen. Rosenkohl putzen und in einem weiteren Topf mit Salzwasser garen.

2 | In der Zwischenzeit das Schweinefilet in Scheiben schneiden, in heißem Öl von beiden Seiten braten. Salzen, pfeffern und im Backofen warmhalten.

3 | Kartoffeln und Petersilienwurzeln in ca. 100 ml Kochwasser pürieren. Die Hälfte des Philadelphias in das Püree einrühren, nach Belieben salzen und pfeffern sowie mit etwas Muskatnuss abschmecken.

4 | Schweinemedaillons mit Püree, Rosenkohl und dem übrigen Philadelphia servieren.

Pro Portion: ca. 1760 kJ / 420 kcal, E 40 g, F 15 g, KH 27 g

Pikante Pilzpfanne mit Philadelphia®

Fruchtig und würzig: Pilzpfanne mit Äpfeln, Pilzen und Preiselbeeren

Zutaten für 4 Portionen

250 g braune Champignons
250 g Pfifferlinge
250 g Austernpilze
1 EL Öl
1 Zwiebel (in Würfeln)
2 kleine Äpfel (z. B. Boskop)
1/2 Bund Thymian
3 EL PHILADELPHIA Doppel-
    rahmstufe
2 EL Preiselbeeren
4 Scheiben Bauernbrot

Zubereitungszeit: 30 Minuten

Zubereitung

1 | Champignons, Pfifferlinge und Austernpilze putzen und die Stielenden abschneiden. Pilze je nach Größe im Ganzen lassen oder in Stücke schneiden.

2 | Etwas Öl in einer großen Pfanne erhitzen, die Zwiebel darin glasig braten; anschließend herausnehmen.

3 | Äpfel entkernen und in dünne Spalten schneiden, Thymian waschen und die Blättchen abzupfen. In derselben Pfanne kurz andünsten; anschließend herausnehmen.

4 | Pilze im übrigem Öl portionsweise unter Wenden goldbraun braten. Zwiebel, Apfelspalten und Thymian wieder zugeben. Philadelphia zufügen und bei milder Hitze unter Rühren schmelzen lassen, dabei nicht aufkochen. Pilzpfanne mit Preiselbeeren und frischem Bauernbrot servieren.

Pro Portion: ca. 1203 kJ / 312 kcal, E 9 g, F 10 g, KH 41 g

Cremige Naturreis-Pfanne

Eine leckere Beilage zu gebratenem Fisch oder Fleisch

Zutaten für 4 Portionen

250 g Naturreis
1 Bund Lauchzwiebeln (in Ringen)
2 TL Olivenöl
3 Paprika (in Rauten)
2 Tomaten (in Würfeln)
1 l Gemüsebrühe
175 g PHILADELPHIA Balance
etwas Worcester Sauce
1/2 Bund Petersilie (gehackt)

Zubereitungszeit: 30 Minuten

Zubereitung

1 | Naturreis nach Packungsanweisung zubereiten. Die Lauchzwiebeln in heißem Olivenöl anbraten, Paprika und Tomaten zufügen und mit Gemüsebrühe ablöschen; bei geschlossenem Deckel ca. 8 Minuten dünsten.

2 | Philadelphia zufügen und bei milder Hitze schmelzen lassen; dabei nicht mehr aufkochen. Anschließend den gekochten Reis unterheben.

3 | Reispfanne mit Worcestersauce abschmecken und mit Petersilie bestreut servieren.

Pro Portion: ca. 1613 kJ / 390 kcal, E 11 g, F 10 g, KH 62 g

Risotto
mit Pfifferlingen

Herzhaft-cremiges Risotto mit Pfifferlingen und Hähnchenstreifen mit Weißweinnote

Zutaten für 4 Portionen

400 Hähnchenbrustfilet
  (in Streifen geschnitten)
2 TL Olivenöl
1 Lauch (in Ringen)
1 Knoblauchzehe (gehackt)
300 g Risottoreis
120 ml Weißwein
750 ml Gemüsebrühe
250 g Pfifferlinge
60 g frischer Spinat
200 g PHILADELPHIA Balance

Zubereitungszeit: 25 Minuten

Zubereitung

1 | Hähnchenstreifen in einer beschichteten Pfanne in der Hälfte des Olivenöls anbraten, anschließend aus der Pfanne nehmen und beiseitestellen. Lauch und Knoblauch im übrigen Öl anbraten. Risottoreis dazugeben und unter ständigem Rühren schmoren, bis er leicht glasig wird.

2 | Reis mit Weißwein aufgießen und kurz köcheln lassen, bis die Flüssigkeit vom Reis aufgenommen wurde. Gemüsebrühe nach und nach in kleinen Mengen dazugeben, so dass der Reis die Flüssigkeit zügig aufnehmen kann. Weiter köcheln, bis der Reis die gewünschte Konsistenz hat.

3 | Hähnchenstreifen, Pfifferlinge und Spinat zu dem Risotto geben und kurz mitgaren. Philadelphia bei milder Hitze in dem Risotto schmelzen lassen, anschließend servieren.

Pro Portion: ca. 2116 kJ / 506 kcal, E 30 g, F 11 g, KH 65 g

TIPP
Anstelle des frischen Spinats können Sie natürlich auch tiefgefrorenen Blattspinat verwenden. Diesen für eine leichtere Handhabung vor der Verwendung auftauen lassen.

Cremige »Blue Cheese« Tortellini

Tortellini in würziger Blauschimmelkäse-Sauce mit Schinken und Zucchinistreifen

Zutaten für 4 Portionen

800 g Tortellini
   (gekühltes Fertigprodukt)
100 g Schinken
   (in dünnen Scheiben)
1 Zucchini
1 Zwiebel (in feinen Würfeln)
1 Knoblauchzehe (gehackt)
1 EL Olivenöl
250 ml Gemüsebrühe
100 g PHILADELPHIA Doppelrahmstufe
80 g Blauschimmelkäse

Zubereitungszeit: 30 Minuten

Zubereitung

1 | Backofen auf 180 °C (Ober- und Unterhitze) vorheizen. Tortellini nach Packungsanweisung garen. Schinken auf einem mit Backpapier ausgelegten Backblech 5-10 Minuten im Ofen knusprig backen. Kurz abkühlen lassen und anschließend in Stücke brechen. Zucchini mit einem Sparschäler in dünne Streifen schneiden.

2 | Zwiebel und Knoblauch in einer beschichteten Pfanne in heißem Öl anbraten. Gemüsebrühe dazugeben und darin den Philadelphia bei milder Hitze schmelzen lassen. Blauschimmelkäse in der Philadelphia-Sauce schmelzen lassen.

3 | Zucchinistreifen und die Hälfte des Schinkens in die Sauce geben und 2-3 Minuten mitgaren.

4 | Tortellini mit Käsesauce und übrigem Schinken anrichten, nach Belieben mit etwas geriebenem Parmesan servieren.

Pro Portion: ca. 2494 kJ / 591 kcal, E 26 g, F 22 g, KH 70 g

Spaghetti mit Spargel-Gemüsesauce

Cremige Pastasauce mit zartem Knoblaucharoma

Zutaten für 4 Portionen

400 g Spaghetti

500 g grüner Spargel

2 Zucchini (in Würfeln)

2 Knoblauchzehen (gehackt)

2 TL Olivenöl

250 ml Hühnerbrühe

175 g PHILADELPHIA Doppelrahmstufe

Zubereitungszeit: 30 Minuten

Zubereitung

1 | Spaghetti nach Packungsanweisung garen. Das untere Drittel des Spargels schälen, eventuell holzige Enden entfernen und anschließend in ca. 10 Zentimeter große Stücke schneiden.

2 | Spargelstücke, Zucchiniwürfel und Knoblauch in einer beschichteten Pfanne in heißem Öl 3-4 Minuten braten, anschließend beiseitestellen.

3 | Hühnerbrühe in der Pfanne erhitzen, Philadelphia bei geringer Hitze darin schmelzen lassen. Gemüse und Spaghetti dazugeben, kurz erhitzen und nach Belieben mit etwas geriebenem Parmesan und Petersilie anrichten.

Pro Portion: ca. 2261 kJ / 532 kcal, E 19 g, F 17 g, KH 74 g

TIPP Philadelphia Doppelrahmstufe ist die ideale Basis für viele verschiedene Pastasaucen. Die Sauce nicht mehr aufkochen, sobald der Philadelphia zugegeben wurde.

Gefülltes Schweinefilet mit Rotweinpflaumen

Interessante Kombination aus Schweinefilet, Pflaumen und Rotwein

Zutaten für 4 Portionen

250 g Wildreismischung
1 Schweinefilet (ca. 500 g)
200 g getrocknete Pflaumen
1 EL Öl
50 ml Rotwein
200 ml Gemüsebrühe
175 g PHILADELPHIA Doppelrahmstufe

Vorbereitungszeit: 15 Minuten
Backzeit: 25 Minuten

Zubereitung

1 | Ofen auf 180 °C (Umluft) vorheizen. Wildreismischung nach Packungsanweisung zubereiten.

2 | Mit einem langen Messer in der Mitte des Schweinefilets einen Tunnel einstechen. Pflaumen in das Schweinefilet drücken. Das Fleisch im heißen Öl kurz von allen Seiten scharf anbraten, anschließend für ca. 25 Minuten in einer Auflaufform im Ofen garen.

3 | Übrige Pflaumen vierteln, im Bratfett kurz anbraten und mit Rotwein ablöschen. Gemüsebrühe hinzufügen und einige Minuten köcheln lassen.

4 | Philadelphia bei milder Hitze einrühren, dabei nicht mehr aufkochen lassen. Schweinefilet in ca. 2 Zentimeter dicke Scheiben schneiden und mit Philadelphia-Pflaumensauce und Reis servieren.

Pro Portion: ca. 2694 kJ / 636 kcal, E 37 g, F 18 g, KH 77 g

TIPP Übrig gebliebenes Fleisch in Alufolie einwickeln und bei niedriger Hitze im Ofen erwärmen. So bleibt es schön saftig.

Steckrübengemüse mit Hähnchenbrustfilet

Der Klassiker raffiniert zubereitet mit cremigem Philadelphia® und Hähnchen

Zutaten für 4 Portionen

4 Hähnchenbrustfilets
(je ca. 150 g)
2 EL Öl
1/2 Steckrübe (in Würfeln)
500 g Kartoffeln (in Würfeln)
4 Möhren (in Würfeln)
1 Stange Lauch (in Ringen)
500 ml Gemüsebrühe
300 g PHILADELPHIA Kräuter
Balance

Zubereitungszeit: 25 Minuten

Zubereitung

1 | Hähnchenbrustfilets in Streifen schneiden und in einer Pfanne in 1 Esslöffel heißem Öl braten, anschließend beiseitelegen.

2 | Gemüse im übrigen Öl in der Pfanne anbraten, anschließend mit Gemüsebrühe angießen und 10 Minuten köcheln lassen.

3 | Philadelphia zufügen und bei milder Hitze schmelzen lassen, Gemüse auf 4 Tellern mit Hähnchenbrustfilet angerichtet servieren.

Pro Portion: ca. 1876 kJ / 448 kcal, E 38 g, F 16 g, KH 35 g

TIPP

Für die besondere Note schmecken Sie das Steckrübengemüse mit etwas Koriander ab!

Putenröllchen Française

Essen wie Gott in Frankreich: cremig gefüllte Putenröllchen mit herzhaftem Schinken

Zutaten für 4 Portionen

4 kleine Putenschnitzel
  (je ca. 150 g)
4 Scheiben Serranoschinken
100 g PHILADELPHIA Doppelrahmstufe
1 EL Öl
1 Zucchini (in Würfeln)
1 gelbe Paprika (in Rauten)
1 Dose Tomaten (ca. 400 g)
300 g Tagliatelle

Zubereitungszeit: 30 Minuten

Zubereitung

1 | Putenschnitzel mit Serranoschinken belegen und mit dem Philadelphia bestreichen. Die Putenschnitzel aufrollen und mit Zahnstochern fixieren.

2 | Putenröllchen in einer beschichteten Pfanne in heißem Öl anbraten. Zucchini, Paprika und Tomaten dazugeben, Tomaten leicht zerdrücken und bei milder Hitze ca. 20 Minuten köcheln lassen.

3 | Währenddessen Tagliatelle nach Packungsanweisung garen. Putenröllchen und Gemüse in Tomatensauce mit Tagliatelle anrichten und servieren.

Pro Portion: ca. 2400 kJ / 569 kcal, E 52 g, F 14 g, KH 56 g

Fischpfanne mit Polenta-Zucchini

Raffiniert gefüllte Zucchini mit Polenta und Philadelphia®

Zutaten für 4 Portionen

2 Zucchini
60 g Polenta (Maisgrieß)
100 g PHILADELPHIA Balance
250 ml Gemüsebrühe
1 Baguette

Zubereitungszeit: 30 Minuten

Zubereitung

1 | Zucchini längs halbieren und das Kerngehäuse entfernen. Polenta nach Packungsanweisung zubereiten.

2 | In zwei Zucchinihälften die Polenta verteilen, die übrigen mit Philadelphia füllen. Die Hälften zusammensetzen und mit Zahnstochern fixieren.

3 | Zucchini in einer Pfanne ca. 20 Minuten in der Gemüsebrühe garen, dabei gelegentlich wenden.

4 | Dazu passt sehr gut eine cremige Fischpfanne mit Brokkoli und Möhren.

Pro Portion: ca. 1870 kJ / 447 kcal, E 24 g, F 12 g, KH 55 g

Polenta-Küchlein mit Räucherlachs

Kleine Küchlein mit Philadelphia®-Senfcreme

Zutaten für 20 Stück

70 g Polenta (Maisgrieß)

1 Ei

6 EL Milch

3 gestrichene EL Mehl

1/2 Bund Schnittlauch
  (in feinen Röllchen)

1 EL Öl

175 g PHILADELPHIA Doppelrahmstufe

2 EL grobkörniger Senf

150 g Räucherlachs

Schnittlauch nach Belieben

Zubereitungszeit: 30 Minuten

Zubereitung

1 | Polenta mit 1/4 Liter kochendem Wasser überbrühen und für 5 Minuten ziehen lassen. Anschließend mit einem Schneebesen Ei und Milch unterrühren. Mehl und Schnittlauch dazugeben und die Masse zu einem glatten Teig verrühren.

2 | Öl in einer beschichteten Pfanne erhitzen und den Polentateig darin zu Miniküchlein goldgelb ausbraten, dabei mehrmals wenden.

3 | Philadelphia und Senf miteinander verrühren. Polentaküchlein mit Philadelphia-Senfcreme bestreichen, mit Räucherlachs anrichten und nach Belieben mit Schnittlauch dekoriert servieren.

Pro Stück: ca. 213 kJ / 62 kcal, E 3 g, F 4 g, KH 2 g

Farfalle mit Räucherlachs

Cremige Pastasauce mit Kräutern und feinem Knoblaucharoma

Zutaten für 4 Portionen

80 g Räucherlachs
1 EL Zitronensaft
1 Knoblauchzehe (fein gehackt)
400 g Farfalle
1 Zwiebel (in Würfeln)
1 TL Öl
1/2 l Gemüsebrühe
200 g PHILADELPHIA Kräuter
    Balance

Zubereitungszeit: 20 Minuten

Zubereitung

1 | Räucherlachs in Streifen schneiden, mit Zitronensaft und Knoblauch marinieren. Farfalle nach Packungsanweisung bissfest garen.

2 | Zwiebelwürfel in heißem Öl anbraten. Mit Gemüsebrühe ablöschen.

3 | Philadelphia in die Sauce geben und bei milder Hitze unter Rühren schmelzen lassen, dabei nicht mehr aufkochen.

4 | Farfalle mit Philadelphia-Sauce auf 4 Tellern zusammen mit den Lachsstreifen anrichten und servieren.

Pro Portion: ca. 1868 kJ / 481 kcal, E 21 g, F 11 g, KH 73 g

TIPP
Probieren Sie zur Abwechslung dieses Gericht auch einmal mit Vollkornnudeln.

Tagliatelle mit Steinpilzsauce

Ein unübertreffliches Pastagericht – einfach und schnell!

Zutaten für 4 Portionen

400 g Tagliatelle
40 g getrocknete Tomaten
  (ohne Öl)
50 g Rucola
10 g getrocknete Steinpilze
1 Zwiebel (in feinen Würfeln)
1 TL Öl
300 ml Milch
175 g PHILADELPHIA Balance

Zubereitungszeit: 15 Minuten

Zubereitung

1 | Tagliatelle nach Packungsanweisung garen. Getrocknete Tomaten mit kochendem Wasser überbrühen, anschließend in Streifen schneiden. Rucola putzen und in mundgerechte Stücke schneiden. Steinpilze in Wasser einweichen.

2 | Zwiebelwürfel in heißem Öl anbraten, Steinpilze dazugeben und anschließend mit Milch ablöschen. Philadelphia bei milder Hitze unter Rühren in der Milch schmelzen lassen.

3 | Rucola und getrocknete Tomaten unter die Tagliatelle heben und mit Philadelphia-Steinpilzsauce servieren.

Pro Portion: ca. 2180 kJ / 520 kcal, E 21 g, F 12 g, KH 81 g

TIPP Getrocknete Steinpilze bekommen Sie im gut sortierten Supermarkt bei den Gewürzen. Alternativ können Sie frische Pilze klein schneiden und mit der Zwiebel anbraten.

Zum Verwöhnen

Süße Müsli-Pause für Klein und Groß

Genau das Richtige für einen anstrengenden Schultag: Cremiges Müsli mit Nektarine

Zutaten für 1 Portion

3 EL Müsli
1 TL Honig
2 EL PHILADELPHIA Balance
3 EL Erdbeerjoghurt (fettarm)
1 Nektarine

Zubereitungszeit: 10 Minuten

Zubereitung

1 | Müsli ohne Fett in einer heißen Pfanne anrösten. Honig dazugeben, das Müsli kurz karamellisieren und abkühlen lassen.

2 | Philadelphia und Joghurt mit einem elektrischen Handrührgerät oder einem Schneebesen verrühren.

3 | Nektarine würfeln und mit der Philadelphia-Creme und dem Müsli z.B. in ein Einmachglas schichten.

Pro Portion: ca. 441 kJ / 105 kcal, E 3 g, F 3 g, KH 17 g

TIPP Müsli und Honig können Sie auch auf Vorrat karamellisieren. Die Knuspermischung gut abkühlen lassen und in einer gut verschließbaren Dose einige Tage aufbewahren.

Beschwipster Birnentraum

Fruchtiges Birnen-Prosecco-Dessert mit einer himmlischen Creme

Zutaten für 4 Portionen

4 Birnen
2 EL Zucker
200 ml Prosecco
175 g PHILADELPHIA Balance
125 g Joghurt
2 Pck. Vanillezucker
1/2 TL Zimt
Pistazien (gehackt)

Zubereitungszeit: 20 Minuten

Zubereitung

1 | Birnen schälen, entkernen und in schmale Spalten schneiden. Birnen mit einem Esslöffel Zucker und Prosecco in einem Topf ca. 10 Minuten dünsten.

2 | Philadelphia mit Joghurt, 1 Esslöffel Zucker, Vanillezucker und Zimt mit dem elektrischen Handrührgerät glatt rühren.

3 | Die warmen Birnen zusammen mit der Philadelphia-Creme anrichten und mit gehackten Pistazien bestreut servieren.

Pro Portion: ca. 1174 kJ / 280 kcal, E 6 g, F 8 g, KH 38 g

TIPP Anstelle gehackter Pistazien können Sie auch Mandelstifte in einer Pfanne ohne Fett goldbraun rösten und die Creme damit bestreuen.

Geschichtete Creme
à la Stracciatella

Geschichtete Creme mit Côte d'Or® Schokolade und Roter Grütze

Zutaten für 6 Portionen:

100 g Côte d'Or®
  Intense 70% Cacao
400 g PHILADELPHIA so leicht
250 g Joghurt
4 EL Zucker
500 g Rote Grütze

Zubereitungszeit: 15 Minuten

Zubereitung

1 | Schokolade im Wasserbad oder in der Mikrowelle schmelzen.

2 | Philadelphia, Joghurt und Zucker verrühren.

3 | Philadelphia-Creme, geschmolzene Schokolade und Rote Grütze abwechselnd in eine Auflaufform oder Glasschüssel schichten.

Pro Portion: ca. 1354 kJ / 324 kcal, E 11 g, F 13 g, KH 40 g

TIPP

Anstelle von Philadelphia so leicht können Sie natürlich auch Philadelphia Balance oder Philadelphia Doppelrahmstufe verwenden – schmeckt einfach himmlisch!

Süßer Mohn-Dip mit Pfirsichen

Köstlicher Dip mit Philadelphia®-Mohn-Creme und Pfirsichpüree

Zutaten für 6 Portionen

175 g PHILADELPHIA so leicht

2 EL Milch

50 g backfertige Mohnmischung

1 EL Zucker

1 Dose Pfirsiche
  (abgetropft ca. 235 g)

Zubereitungszeit: 10 Minuten

Zubereitung

1 | Philadelphia mit Milch glatt rühren.

2 | Backfertige Mohnmischung und Zucker unterrühren.

3 | Pfirsiche pürieren und zusammen mit dem Mohn-Dip anrichten. Nach Belieben mit Erdbeeren und Apfelspalten servieren.

Pro Portion (berechnet mit Apfelspalten und Erdbeeren):
ca. 915 kJ / 219 kcal, E 7 g, F 6 g, KH 33 g

TIPP Der süße Mohn-Dip schmeckt auch hervorragend mit warmem Pflaumen- oder Kirschkompott.

Bunt-geschichteter Obstsalat

Feine Obstmischung mit einer himmlischen Creme und knusprigem Müsli

Zutaten für 4 Portionen

1 Dose Mandarinen
(abgetropft ca. 175 g)
8 EL Müsli
175 g PHILADELPHIA Joghurt
Balance
350 g Obst (z.B. 1 Banane,
1 Apfel, 200 g Weintrauben)

Zubereitungszeit: 15 Minuten

Zubereitung

1 | Mandarinen in ein Sieb geben, dabei den Saft auffangen. Müsli in einer beschichteten Pfanne leicht rösten und anschließend abkühlen lassen.

2 | Philadelphia und die Hälfte des Mandarinensaftes mit einem elektrischen Handrührgerät verrühren.

3 | Obst in mundgerechte Stücke schneiden und mit Mandarinen zu einem Obstsalat vermischen. Kurz vor dem Servieren abwechselnd mit der Philadelphia-Creme in 4 Gläser schichten und mit dem gerösteten Müsli bestreuen.

Pro Portion: ca. 1166 kJ / 278 kcal, E 7 g, F 8 g, KH 44 g

TIPP Beträufeln Sie den Obstsalat mit etwas Zitronensaft. So verhindern Sie, dass die Früchte braun werden, und geben dem Salat eine frisch-säuerliche Note.

Erfrischende Limoncello-Creme

Frisch und himmlisch cremig: Dessertcreme mit Zitronenlikör

Zutaten für 4 Portionen
175 g PHILADELPHIA Balance
200 g Joghurt
2 EL Zucker
3 EL Limoncello (Zitronenlikör)
3 EL Zitronensaft

Vorbereitungszeit: 15 Minuten
Gefrierzeit: 2 Stunden

Zubereitung

1 | Philadelphia, Joghurt, Zucker, Limoncello und Zitronensaft mit dem elektrischen Handrührgerät schaumig schlagen.

2 | Creme auf 4 Dessertgläser verteilen und für 2 Stunden in den Gefrierschrank stellen.

3 | Angefrorene Creme nach Belieben mit Zitronenscheiben garnieren und servieren.

Pro Portion: ca. 687 kJ / 164 kcal, E 5 g, F 7 g, KH 15 g

TIPP Für die alkoholfreie Variante können Sie den Limoncello weglassen und die Zitronensaft- und Zuckermenge um jeweils 1 Esslöffel erhöhen.

Orangen-Schoko- Törtchen

Ein perfektes Dessert für besondere Anlässe

Zutaten für 4 Portionen

3 Blatt Gelatine
100 g PHILADELPHIA Balance
100 g Joghurt
1 EL Zitronensaft
3 Orangen
2 EL Zucker
1 Biskuitboden (dunkel oder hell)
50 g Côte d'Or®
   Intense 70% Cacao

Vorbereitungszeit: 20 Minuten
Kühlzeit: 2 Stunden

Zubereitung

1 | Gelatineblätter 5 Minuten in kaltem Wasser einweichen, leicht ausdrücken. Philadelphia, Joghurt und Zitronensaft mit dem elektrischen Handrührgerät vermengen. Eine Orange auspressen, die übrigen Früchte filetieren.

2 | Gelatine, Zucker, Orangensaft und die Hälfte der Orangenfilets erwärmen, bis sich die Gelatine gelöst hat. Zügig unter die Creme rühren.

3 | Mit 4 Tassen Biskuitkreise ausstechen. Philadelphia-Creme in die Tassen einfüllen, je einen Biskuitkreis vorsichtig darauflegen und für mindestens 2 Stunden kühlen.

4 | Mit einem Messer am Tassenrand entlang schneiden, Desserts stürzen und mit den übrigen Orangenfilets anrichten. Schokolade im Wasserbad oder in der Mikrowelle schmelzen und über das Dessert geben.

Pro Portion: ca. 1307 kJ / 312 kcal, E 8 g, F 12 g, KH 41 g

TIPP Wenn sich die Desserts nicht aus der Tasse lösen, einfach die Tassen kurz in warmes Wasserbad stellen und das Dessert stürzen.

Kirsch-Reis-Auflauf mit Baiserhaube

Süß-fruchtiges Hauptgericht – ein himmlischer Genuss!

Zutaten für 4 Portionen

200 g Rundkornreis
3 Eier (getrennt)
150 g Zucker
175 g PHILADELPHIA Balance
100 ml Milch
1 Glas Schattenmorellen
   (abgetropft ca. 350 g)

Vorbereitungszeit: 20 Minuten
Backzeit: 30 Minuten

Zubereitung

1 | Backofen auf 175 °C (Umluft) vorheizen. Rundkornreis nach Packungsanweisung zubereiten.

2 | Eigelb und 50 Gramm Zucker mit einem Handrührgerät cremig schlagen; Philadelphia und Milch unterrühren.

3 | Rundkornreis unter die Philadelphia-Masse heben und mit den Schattenmorellen in eine gefettete Auflaufform geben. Auflauf ca. 30 Minuten im Ofen backen.

4 | In der Zwischenzeit Eiweiß mit dem übrigen Zucker steif schlagen und 10 Minuten vor Ende der Backzeit auf den Kirsch-Reis-Auflauf geben. Den Auflauf warm servieren.

Pro Portion: ca. 2339 kJ / 558 kcal, E 14 g, F 12 g, KH 96 g

TIPP

Anstatt mit Schattenmorellen kann der Auflauf auch mit Pfirsichen aus der Dose oder Apfelspalten zubereitet werden.

Marshmallow-Pfirsiche

Gegrillte Pfirsiche mit Himbeereis

Zubereitung

1 | In die halben Pfirsiche je einen Marshmallow setzen. Diese auf einer Grillschale ca. 5 Minuten grillen, bis die Marshmallows zu schmelzen beginnen.

2 | Inzwischen die tiefgekühlten Himbeeren mit dem Pürierstab pürieren und mit Philadelphia und Zucker verrühren.

3 | Warme Marshmallow-Pfirsiche mit der eiskalten Himbeer-Philadelphia-Creme servieren.

Pro Portion: ca. 1146 kJ / 273 kcal, E 6 g, F 6 g, KH 46 g

Zutaten für 4 Portionen
8 halbe Pfirsiche (aus der Dose)
8 Marshmallows
300 g Himbeeren (tiefgekühlt)
200 g PHILADELPHIA Balance
2 EL Zucker

Vorbereitungszeit: 5 Minuten
Grillzeit: 5 Minuten

Gegrillte Bananen

Unwiderstehlich gut – Schokobananen vom Grill

Zubereitung

1 | Bananen mit Schale ca. 10 Minuten grillen, dabei gelegentlich wenden. Währenddessen Philadelphia, Joghurt, Zitronensaft und Zucker verrühren.

2 | Gegrillte Banane der Länge nach waagerecht aufschneiden, mit Philadelphia-Creme und geraspelter Schokolade angerichtet servieren.

Pro Portion: ca. 1439 kJ / 344 kcal, E 14 g, F 9 g, KH 49 g

Zutaten für 4 Portionen
4 Bananen
350 g PHILADELPHIA so leicht
150 g Joghurt
2 EL Zitronensaft
2 EL Zucker
1/2 Tafel Milka® Alpenmilch
    Schokolade (geraspelt)

Vorbereitungszeit: 5 Minuten
Grillzeit: 10 Minuten

Winterglück mit Philadelphia®

Ein Klassiker für die Adventszeit: Gefüllter Bratapfel mit Nüssen und Himbeerkonfitüre

Zutaten für 4 Portionen

4 Äpfel
120 g Himbeerkonfitüre
4 TL Haselnüsse (gehackt)
3 EL Zucker
175 g PHILADELPHIA Balance
125 g fettarmer Joghurt
4 EL Rum-Rosinen
1 Messerspitze Zimt

Vorbereitungszeit: 10 Minuten
Backzeit: 25 Minuten

Zubereitung

1 | Backofen auf 230 °C (Umluft) vorheizen. Äpfel waschen, Kerngehäuse ausstechen und die Äpfel in eine feuerfeste Form setzen.

2 | Himbeerkonfitüre, Haselnüsse und 1 Esslöffel Zucker mischen. Äpfel damit füllen und im Backofen für ca. 25 Minuten backen.

3 | Philadelphia, Joghurt, den übrigen Zucker, Rum-Rosinen und Zimt mit einem elektrischen Handrührgerät gut vermengen. Philadelphia-Creme zu den warmen Bratäpfeln servieren.

Pro Portion: ca. 1469 kJ / 351 kcal, E 6 g, F 10 g, KH 58 g

Limettencreme mit gebratener Ananas

Ananas, Zimt und Limetten – ein perfektes Trio

Zutaten für 4 Portionen

1 Ananas
5 EL Limettensaft
200 g PHILADELPHIA Balance
125 g fettarmer Joghurt
3 EL Zucker
1 Sternfrucht (in Scheiben)
1 TL Zimt

Zubereitungszeit: 20 Minuten

Zubereitung

1 | Ananas vom Grün befreien, längs in Achtel schneiden und den Strunk entfernen. Mit 3 Esslöffeln Limettensaft beträufeln.

2 | Philadelphia mit Joghurt, Zucker und dem übrigen Limettensaft mit dem elektrischen Handrührgerät glatt rühren.

3 | Ananasachtel in einer beschichteten Pfanne ohne Öl von allen Seiten goldbraun braten. Sternfruchtscheiben kurz vor Ende der Garzeit zufügen.

4 | Ananasfruchtfleisch vorsichtig erst von der Schale lösen und dann in Stücke schneiden. Zusammen mit Sternfruchtscheiben und Philadelphia-Creme anrichten und mit Zimt bestäubt servieren.

Pro Portion: ca. 1122 kJ / 269 kcal, E 6 g, F 7 g, KH 43 g

TIPP Im Sommer lassen sich die Ananasachtel auch sehr gut grillen!

Ofenfrüchte mit Parmaschinken

Winterliche Früchte aus dem Ofen mit Parmaschinken – köstlich!

Zutaten für 4 Portionen

1 Birne
4 Feigen
2 EL PHILADELPHIA Doppel-
   rahmstufe
8 Scheiben Parmaschinken
1 TL Honig
4 Scheiben Toastbrot
Zahnstocher

Vorbereitungszeit: 10 Minuten
Backzeit: 10 Minuten

Zubereitung

1 | Backofen auf 150 °C (Umluft) vorheizen. Birne entkernen und vierteln. Feigen waschen, an der Spitze kreuzweise einschneiden und durch leichten Druck von unten aufdrücken.

2 | Jeweils etwas Philadelphia auf die Feigen und Birnen geben, mit je einer Scheibe Parmaschinken umwickeln und mit Zahnstochern fixieren.

3 | Feigen und Birnen mit Honig beträufeln und 10 Minuten im Ofen backen. Toastbrot toasten und vierteln, gebackene Ofenfrüchte mit Toastbrotecken servieren.

Pro Portion: ca. 1159 kJ / 275 kcal, E 21 g, F 9 g, KH 27 g

TIPP Die Ofenfrüchte lassen sich gut vorbereiten und erst im letzten Moment in den Ofen schieben – da bleibt Zeit für die Gäste.

Philadelphia® Shake Erdbeere-Orange

Erfrischend-fruchtiger Drink – ideal für zwischendurch

Zutaten für 4 Portionen
200 g Erdbeeren
175 g PHILADELPHIA Balance
3 EL Zucker
600 ml Orangensaft

Zubereitungszeit: 10 Minuten

Zubereitung

1 | Erdbeeren putzen, vierteln und mit dem elektrischen Handrührgerät zerschlagen.

2 | Philadelphia und Zucker mit dem elektrischen Handrührgerät glatt rühren.

3 | Erdbeeren und Orangensaft unter die Philadelphia-Creme rühren und in 4 Longdrinkgläser füllen.

Pro Portion: ca. 831 kJ / 199 kcal, E 5 g, F 6 g, KH 29 g

TIPP Besonders dekorativ sieht der Shake aus, wenn Sie jeweils eine Erdbeere an der Spitze einschneiden und auf den Glasrand setzen.

Waldfrucht-Smoothie

Köstlich-erfrischender Fruchtsmoothie

Zutaten für 4 Portionen
150 g Beerenfrüchte (tiefgekühlt)
400 ml Milch
175 g PHILADELPHIA Joghurt
   Balance
3 EL Zucker

Zubereitungszeit: 10 Minuten

Zubereitung

1 | Beerenfrüchte leicht antauen lassen und mit einem Pürierstab in der Milch pürieren.

2 | Anschließend Philadelphia und Zucker zufügen und unterrühren. Shake in 4 Longdrinkgläser füllen und servieren.

Pro Portion: ca. 761 kJ / 182 kcal, E 7 g, F 6 g, KH 24 g

Apfel-Shake

Lecker-leichter Drink mit Apfelsaft

Zutaten für 4 Portionen
175 g PHILADELPHIA so leicht
2 EL Zucker
2 EL Zitronensaft
400 ml Apfelsaft

Zubereitungszeit: 5 Minuten

Zubereitung

1 | Philadelphia, Zucker und Zitronensaft mit dem elektrischen Handrührgerät glatt rühren.

2 | Apfelsaft unterrühren, den Shake in 4 Trinkgläser füllen und servieren.

Pro Portion: ca. 560 kJ / 133 kcal, E 6 g, F 2 g, KH 21 g

Balsamico-Erdbeeren mit Dessertcreme

Köstliches Dessert mit feiner Creme und raffiniert abgeschmeckten Erdbeeren

Zutaten für 4 Portionen

1 unbehandelte Zitrone
175 g PHILADELPHIA Doppelrahmstufe
150 g Joghurt
3 EL Zucker
500 g Erdbeeren (in Scheiben)
einige Tropfen Balsamicoessig
12 Löffelbiskuits

Zubereitungszeit: 15 Minuten

Zubereitung

1 | Aus der Zitronenschale feine Streifen schneiden. Die Zitrone anschließend auspressen.

2 | Philadelphia, Joghurt, zwei Esslöffel Zucker und einen Esslöffel Zitronensaft mit dem elektrischen Handrührgerät vermengen und kühl stellen.

3 | Erdbeeren in einer beschichteten Pfanne ohne Öl erwärmen, den übrigen Zucker darüber verteilen und kurz karamellisieren. Einige Tropfen Balsamicoessig darübergeben.

4 | Jeweils 3 Löffelbiskuits nebeneinander auf einen Dessertteller legen. Philadelphia-Creme und Balsamico-Erdbeeren darauf anrichten und servieren.

Pro Portion: ca. 1429 kJ / 334 kcal, E 8 g, F 15 g, KH 40 g

Philadelphia® Fruchteis am Stiel

Tolle Sommererfrischung – Eis aus cremigem Philadelphia® und gemischten Früchten

Zutaten für 10 Stück

400 g frische oder tiefgekühlte
   Früchte (z.B. Himbeeren,
   Erdbeeren oder Pfirsiche)
3 EL Zucker
200 g PHILADELPHIA Balance
100 g Joghurt
1 EL Zitronensaft
10 Eisformen oder
   kleine Joghurtbecher
10 Holzspieße

Vorbereitungszeit: 15 Minuten
Gefrierzeit: 5 Stunden

Zubereitung

1 | Frische Früchte waschen und putzen (tiefgekühlte Früchte auftauen lassen). Anschließend pürieren und zwei Esslöffel Zucker unterrühren.

2 | Philadelphia, Joghurt, den restlichen Zucker und den Zitronensaft mit dem elektrischen Handrührgerät vermengen. 1/3 der Creme unter das Früchtepüree mischen.

3 | Weiße und rote Philadelphia-Creme abwechselnd in die Eisformen oder Joghurtbecher schichten. In die Mitte einen Holzspieß stecken und für mindestens 5 Stunden ins Gefrierfach stellen.

Pro Stück: ca. 325 kJ / 78 kcal, E 2 g, F 4 g, KH 8 g

TIPP

Eis am Stiel ist ein Renner auf jedem Kindergeburtstag – schnell und einfach lässt es sich auch für viele kleine Eisliebhaber vorbereiten.

Milchreis mit Birnen und Kardamom

Cremige Süßspeise mit einem Hauch von Kardamom

Zutaten für 4 Portionen

1 unbehandelte Orange
750 ml Milch
180 g Milchreis
2 EL Zucker
3 Birnen
1 Prise Kardamom
4 EL PHILADELPHIA Doppel-
rahmstufe

Zubereitungszeit: 35 Minuten

Zubereitung

1 | Von der Orange etwas Schale mit einem Sparschäler abschä-len und in Streifen schneiden. Milch, Milchreis, einen Teelöffel der Orangenschale und Zucker zum Kochen bringen, anschlie-ßend die Hitze reduzieren und weitere 20-25 Minuten köcheln lassen, dabei gelegentlich umrühren.

2 | Birnen in Spalten schneiden und die Birnenspalten entker-nen. Orange auspressen und mit den Birnenscheiben und dem Kardamom aufkochen lassen, anschließend bei verringerter Hitze weitere 5 Minuten köcheln lassen.

3 | Philadelphia zum Milchreis geben und bei milder Hitze darin schmelzen. Milchreis mit den Birnenscheiben und dem aroma-tisierten Orangensaft anrichten und servieren.

Pro Portion: ca. 1464 kJ / 344 kcal, E 10 g, F 14 g, KH 43 g

TIPP Falls etwas übrig bleibt, schmeckt der Milchreis mit Früchten auch kalt am nächsten Tag.

Rezeptregister

Impressum

Hinweis

Die Ratschläge/Informationen in diesem Buch sind von Autoren und Verlag sorgfältig erwogen und geprüft, dennoch kann eine Garantie für deren Richtigkeit nicht übernommen werden. Eine Haftung der Autoren bzw. des Verlags und seiner Beauftragten für Personen-, Sach- und Vermögensschäden ist ausgeschlossen.

Bildnachweis

Titelfoto: Kai Schwabe Fotografie, Bremen
alle anderen Rezeptfotos: Kraft Foods, Bremen
Weitere Fotos auf Seite 4/5: Südwest Verlag, München 5 (B. Bonisolli), 4 r. (P. v. Felbert & A. Eickenberg), 4 l. (R. Seiffe)

Dank

Das Philadelphia Team dankt allen Beteiligten, die geholfen haben, dieses Buch zu gestalten.

Impressum

© 2008 by Südwest Verlag, einem Unternehmen der Verlagsgruppe Random House GmbH, 81637 München.

Redaktionsleitung	Susanne Kirstein
Projektleitung und Rezeptentwicklung	Kraft Foods Ideen Center – Heike Hauerken, Birte Grimm
Korrektorat	Susanne Langer
Covergestaltung und Layout	Eva M. Salzgeber, Neubeuern
Projektrealisation, Satz	v|Büro – Jan-Dirk Hansen, München
Litho	Artilitho, Lavis (Trento)
Druck und Verarbeitung	Polygraf Print, Presov

Das für den Inhalt eingesetzte Papier Arctic silk+ 150 g/m², geliefert durch Berberich, wurde in dem FSC-(CoC) zertifizierten Werk Arctic Paper Hafreström produziert.

Printed in Slovakia

ISBN 978-3-517-08491-6
9817 2635 4453 6271